# This Notebook Belongs To

........................

Mo / Tu / We / Th / Fr / Sa / Su

Mo / Tu / We / Th / Fr / Sa / Su

Mo / Tu / We / Th / Fr / Sa / Su

Mo / Tu / We / Th / Fr / Sa / Su

Mo / Tu / We / Th / Fr / Sa / Su

Mo / Tu / We / Th / Fr / Sa / Su

Mo / Tu / We / Th / Fr / Sa / Su

Mo / Tu / We / Th / Fr / Sa / Su

Mo / Tu / We / Th / Fr / Sa / Su

Made in the USA
Columbia, SC
04 May 2025

57528057R00067